BEI GRIN MACHT SICH IHR WISSEN BEZAHLT

- Wir veröffentlichen Ihre Hausarbeit, Bachelor- und Masterarbeit

- Ihr eigenes eBook und Buch - weltweit in allen wichtigen Shops

- Verdienen Sie an jedem Verkauf

Jetzt bei www.GRIN.com hochladen und kostenlos publizieren

Bibliografische Information der Deutschen Nationalbibliothek:

Die Deutsche Bibliothek verzeichnet diese Publikation in der Deutschen Nationalbibliografie; detaillierte bibliografische Daten sind im Internet über http://dnb.d-nb.de/ abrufbar.

Dieses Werk sowie alle darin enthaltenen einzelnen Beiträge und Abbildungen sind urheberrechtlich geschützt. Jede Verwertung, die nicht ausdrücklich vom Urheberrechtsschutz zugelassen ist, bedarf der vorherigen Zustimmung des Verlages. Das gilt insbesondere für Vervielfältigungen, Bearbeitungen, Übersetzungen, Mikroverfilmungen, Auswertungen durch Datenbanken und für die Einspeicherung und Verarbeitung in elektronische Systeme. Alle Rechte, auch die des auszugsweisen Nachdrucks, der fotomechanischen Wiedergabe (einschließlich Mikrokopie) sowie der Auswertung durch Datenbanken oder ähnliche Einrichtungen, vorbehalten.

Impressum:

Copyright © 2016 GRIN Verlag
Druck und Bindung: Books on Demand GmbH, Norderstedt Germany
ISBN: 9783668686069

Dieses Buch bei GRIN:

https://www.grin.com/document/420549

Anonym

**Der berufliche Erziehungsgedanke im 18. Jahrhundert.
Die Industrieschulbewegung**

GRIN Verlag

GRIN - Your knowledge has value

Der GRIN Verlag publiziert seit 1998 wissenschaftliche Arbeiten von Studenten, Hochschullehrern und anderen Akademikern als eBook und gedrucktes Buch. Die Verlagswebsite www.grin.com ist die ideale Plattform zur Veröffentlichung von Hausarbeiten, Abschlussarbeiten, wissenschaftlichen Aufsätzen, Dissertationen und Fachbüchern.

Besuchen Sie uns im Internet:

http://www.grin.com/

http://www.facebook.com/grincom

http://www.twitter.com/grin_com

1. Einleitung

Die Industrie – wenn man diesen Begriff heutzutage genauer betrachtet, verbindet man verschiedene Bedeutungen und Assoziationen damit. Der Ausdruck ist vieldeutig geprägt und es existieren dutzende fachspezifische Definitionen. Doch auch diese Definitionen haben sich erst im Laufe der Zeit entwickelt. So weicht der Wortgebrauch im 18. Jahrhundert deutlich von dem des 21. Jahrhunderts ab.

Ziel dieser wissenschaftlichen Arbeit ist es, den beruflichen Erziehungsgedanken des 18. Jahrhunderts anhand der Industrieschulbewegung in Deutschland herauszuarbeiten. Hierfür ist zuerst die Verortung des historischen Kontextes notwendig, um die Entwicklung der Industrieschulbewegung und des beruflichen Erziehungsgedankens in Deutschland nachvollziehen zu können. Im Anschluss wird die Wortherkunft und Wortbedeutung der Industrie beziehungsweise der Industrieschulbewegung genauer untersucht. Infolgedessen wird die Entwicklung der Industrieschulbewegung in Deutschland thematisiert und der berufliche Erziehungsgedanke geschildert. Hierbei wird ebenfalls die Kritik der Unterrichtsmethoden berücksichtigt und damit kurz auf den Zerfall der Schulgattung eingegangen.

Problematisch bei diesem Themengebiet ist die Vielfalt der verschiedenen Unterrichtsmethoden, die sich hier nicht alle berücksichtigen lassen. Weiterhin ist die Industrieschulbewegung keine in Deutschland einheitlich stattfindende Entwicklung, sodass es in verschiedenen Regionen zu unterschiedlichen Umsetzungen der Schulformen und Arbeitsmethoden kam. Der Umfang dieser wissenschaftlichen Arbeit lässt auch die Erforschung dieser Vielfalt nicht zu, stattdessen wird die Ausdehnung der Industrieschulbewegung auf die Umgebung der Herzogtümer Braunschweig-Wolfenbüttel und Braunschweig-Lüneburg eingegrenzt. Allerdings soll die gesamte Kernbedeutung sowie die Kritik der Industrieschulbewegung in Deutschland herausgearbeitet werden.

2. Historischer Kontext

Der berufliche Erziehungsgedanke im 18. Jahrhundert versteht sich als eine historische Entwicklung, die ebenfalls auf der Geschichte Deutschlands beruht. Demnach begründen verschiedene Ereignisse und die Auseinandersetzung mit politischen und gesellschaftlichen Problemen die Entstehung neuer Gedankenströmungen. Im Zeitraum von 1618 bis 1648 ereignete sich der Dreißigjährige Krieg. Die Auswirkungen des Krieges waren fatal für Deutschland. Ungefähr ein Drittel der deutschen Bevölkerung kam durch Hunger, Seuchen und durch das Kriegsgeschehen ums Leben. Von zirka 19 Millionen Deutschen überlebten nur etwa 12 Millionen den Krieg. Zeitgleich fand die Säkularisation statt, also die Verstaatlichung kirchlicher Besitztümer und Institutionen. Ausgelöst wurde diese unter anderem durch den Vernunftgedanken der Aufklärung.

Deutschland zeigte nunmehr merkantilistische Bestrebungen. Der Staat versuchte wirtschaftliche Autarkie vom Ausland zu erreichen, indem er die Wirtschaft im Inland förderte und den Import eindämmte. Dadurch wurde die Bedeutung der Arbeit aufgewertet. Dennoch bestand weiterhin das Problem, dass Arbeitskräfte benötigt wurden, um den Güter- und Dienstleistungsbedarf Deutschlands zu decken. Letztendlich resultierte aus diesen Entwicklungen die Armenfrage und die erzieherische Notwendigkeit. Wie sollten Personal und Arbeitskräfte geschult werden, damit die deutsche Wirtschaft wachsen und die wirtschaftliche Autarkie erreicht werden konnte?

3. Industrie - Wortherkunft und Wortbedeutung

Bevor man genauer auf die Entwicklung der Industrieschulbewegung eingehen kann, ist es notwendig, zuerst den Begriff zu definieren. Im heutigen Kontext ist der Begriff „Industrie" synonym mit dem verarbeitenden Gewerbe, welches „die Herstellung von Waren, die nach ihrer Fertigung als Vorleistungsgüter, Investitionsgüter, Gebrauchs- oder Verbrauchsgüter [bedeutet]. Dabei wird sowohl die industrielle als auch die handwerkliche Fertigung einbezogen sowie die Reparatur und Installation von Maschinen und Ausrüstungen".[1] Man denkt demnach an eine Art Zusammenwirkung der maschinell betriebenen Produktion von Gütern und Dienstleistungen mit dem Menschen. Weiterhin versteht man unter der Schulgattung „Industrieschule" im 21. Jahrhundert vielmehr eine

---

[1] Statistisches Bundesamt Deutschland (2016): Industrie, Verarbeitendes Gewerbe.
https://www.destatis.de/DE/ZahlenFakten/Wirtschaftsbereiche/IndustrieVerarbeitendesGewerbe/Industrie VerarbeitendesGewerbe.html;jsessionid=0EBD97B98BD9D63FF6A38B63B569CD16.cae2 (abgerufen am 03.03.2016)

spezielle berufsbildende Schule für Industriearbeiter oder eine Fabrikschule, wie sie in Russland zu finden ist.[2]

Nach diesen Definitionen ist die ursprüngliche Bedeutung des im 18. Jahrhundert verwendeten Ausdrucks nicht mehr zu erkennen. Der Begriff „Industrie" leitet sich vom lateinischen Ausdruck „industria" ab, was so viel bedeutet wie eifrige Tätigkeit, Fleiß und Betriebsamkeit.[3] Heinrich Philipp Sextro definiert Industrie folgendermaßen: „Industrie sey überhaupt anhaltende Thätigkeit, möglichst Uebung und schnelle Anwendung der Kräfte der Seele und des Körpers nicht an einem allein, sondern an mehreren und verschiedenen Gegenständen, zur wirklichen mannigfaltigen dauerhaften und edelsten Production, nicht blos zur Befriedigung der nöthigsten Lebensbedürfnisse, sondern auch in der Absicht, zur Bequemlichkeit und Annehmlichkeit des Lebens, zur Mittheilung und zum frohen Genuß, Etwas über zu gewinnen.".[4] Demnach misst Sextro dem Begriff „Industrie" unmissverständlich mehr bei, als nur die Herstellung von Gütern und Dienstleitungen zur Sicherstellung des Lebensunterhalts. Vielmehr ist er der Ansicht, dass Industrie den Menschen dazu antreibt in seiner Tätigkeit Perfektion anzustreben. Dadurch würde er seinen Körper und seinen Geist immer weiter schulen. Zudem gilt die „Industrieschule" in dieser Zeit nicht als eine Schulgattung. Es soll vielmehr ein Grundgedanke sein, für eine Unterrichtsmethode zur frühen Gewöhnung an die Arbeit.[5] Diese frühe Gewöhnung an die Arbeit und das Arbeitsleben wird für die Kinder der Armen und Bettler als besonders wichtig erachtet. So konnte der Arbeitslosigkeit vorgebeugt werden. Letztendlich lässt sich hieran ein Bedeutungswandel beziehungsweise eine Bedeutungserweiterung an den Wortbedeutungen aufzeigen. Dieses Industrieschulen wurden ferner auch als Arbeits-, Werk-, oder Spinnschulen bezeichnet, die alle denselben Erziehungszweck verfolgen sollten, allerdings Unterschiede in den Unterrichtskonzepten aufwiesen.[6] Industrieschulen waren

---

[2] Brödel, H.: Die Entstehung des Industrieschulgedankens im 17. Jahrhundert, in: Zeitschrift für Handelspädagogik, 1. Jg. 1929, S. 110.
[3] Industrie [Art.]. In: Pons Wörterbuch Schule und Studium Latein-Deutsch, 1. Aufl. Stuttgart, 2007, S.442. (ISBN: 978-3-12-517554-9)
[4] Sextroh, Heinrich Philipp: Ueber die Bildung der Jugend zur Industrie, Göttingen 1785, S. 34.
[5] Brödel, H.: Die Entstehung des Industrieschulgedankens im 17. Jahrhundert, in: Zeitschrift für Handelspädagogik, 1. Jg. 1929, S. 110.
[6] Brödel, H.: Die Entstehung des Industrieschulgedankens im 17. Jahrhundert, in: Zeitschrift für Handelspädagogik, 1. Jg. 1929, S. 111.

überdies in Holland und England, sowie in Dänemark, Russland, Italien, Spanien und Ungarn bekannt.[7]

4. Entwicklung der Industrieschulbewegung in Deutschland

Deutschland entwickelte den beruflichen Erziehungsgedanken im 18. Jahrhundert ausgehend von der englischen Entwicklung. Im Jahr 1745 übersetzte und überarbeitete Johann Friedrich Wilhelm Jerusalem auf Wunsch der braunschweigischen Regierung den englischen Text „Nachricht von denen Armen- und Arbeit- oder Werck-Häusern in England, aus dem Englischen übersetzt, nebst einer Vorrede von dem Nutzen dieser Anstalten". Das englische Original ist auf 1725 datiert. Über J. Fr. W. Jerusalem ist überliefert, dass er im Zeitraum von 1738 bis 1740 in England Erfahrungen im Bereich der dortigen Erziehungsmethoden gesammelt haben soll. Aus diesem Grund genoss er ein hohes Ansehen als Ratgeber in den Angelegenheiten, die die Volkserziehung am braunschweigischen Hof betraf.[8] So konnten seine Beobachtungen durch sein Ansehen in die deutsche Pädagogik einfließen und das Land nachhaltig prägen.

Am 20. Juni 1747 gab es ein erstes Schreiben des Konsistorialrates Gruppen an die Regierung Hannovers mit dem Verweis auf die englischen Arbeitsschulen: „Die Engländer richten auf Stricken und Spinnen ein besonderes Augenmerk, als woraus Kinder insbesonderheit den Vortheil erlangen, daß es ihnen die Erlernung mehrerer Künste und Handwerke erleichtert, da es bey vielen Gewerben hauptsächlich auf die geschickte Bewegung der Finger ankommt". Allerdings ist nicht eindeutig überliefert, wie viel Anklang dieser Bericht in Hannover gefunden hat, denn die ersten Industrieschulen wurden in diesem Regierungsbezirk erst nach der Gründung der Anstalten durch den Pfarrer Ludwig Gerhard Wagemann 1784 in Göttingen eröffnet.[9]

Zwei Jahre später 1749 ereignete sich ein Gedankenaustausch zwischen dem Superintendenten August Gesenius und Schrader von Schliestedt statt. Thematisiert wurde das Problem, dass Kinder, die in einer Schulklasse nicht beschäftigt wurden, Langeweile und Widerwillen gegen den Unterricht entwickeln würden. Dieses Verhalten hätte Auswirkungen auf den gesamten Unterricht. In England, wusste man bereits, war es

---

[7] Wiechowski, Friedrich: Ferdinand Kindermanns Versuch einer Verbindung von Elementar- und Industrieschule. In: Beiträge zur Österr. Erziehungs- und Schulgeschichte, Heft 9, Wien – Leipzig 1907, S. 203.
[8] Brödel, H.: Braunschweigische Industrieschulpläne um 1750. Ein Beitrag zur Geschichte der Wirtschaftspädagogik, in: Zeitschrift für Handelspädagogik, 3. Jg. 1931, S. 246f..
[9] Vgl. ebd.

möglich diese Kinder mit einer nützlichen Arbeit zu beschäftigen. Arbeiten wie Nähen oder Stricken kamen hierbei in Betracht. Dadurch würde man eine kleine Einnahmequelle für die Eltern der Kinder generieren und die Unzufriedenheit mit den Schulverhältnissen minimieren. Schrader von Schliestedt forderte zudem den ganzjährigen Unterricht für die Schüler.[10] Zuvor fand dieser tatsächlich nur im Winter statt, woraus sich wiederrum Lerndefizite bei den Kindern ergaben.

Auf diese Überlegungen hin wurde im Dezember 1754 die Landschulordnung „Ordnung für die Schulen auf dem Lande in dem Herzogtum Braunschweig-Wolfenbüttel und Fürstentum Blankenburg" erlassen. Diese brachte eine Schulgelderhöhung mit sich, sowie die endgültige Einführung des Sommerunterrichts und die Kontrolle zur Durchführung dieser Änderung. Berechtigterweise wurde diese Verordnung bei der betroffenen Bevölkerung nicht sehr hoch geschätzt. Durch die Einführung des regelmäßigen Unterrichts im Sommer fehlten den Familien die Kinder als Hilfskräfte auf dem Feld. Dies wiederum würde die Existenz der gesamten Familie bedrohen, da so nicht genügend erwirtschaftet werden konnte, um die Familie zu versorgen. Durch die einhergehende Schulgelderhöhung wurde dieser Effekt zusätzlich verstärkt. Deswegen sammelte die Regierung Vorschläge zur Besänftigung der Bevölkerung. Die Kinder sollten nun während des Unterrichts gewisse Arbeiten vornehmen, um einen Teil des Schulgeldes zu verdienen und die Eltern zu entlasten. Zudem gab es einen Vorschlag zur Klassenstufentrennung. Zuvor wurden Kinder verschiedener Altersstufen gleichzeitig in einem Raum von einer Lehrkraft unterrichtet. Nun sollten die Älteren eine Arbeit vornehmen, während die Jüngeren unterrichtet wurden.[11]

Doch diese Vorschläge brachten einige Probleme mit sich. Man wollte eine Arbeit für die Jungen finden, bei denen sie sich an harte Arbeit gewöhnen und ihre Körper stählen sollten. Deshalb wurden Arbeiten an Eisen- und Messingwaren in Betracht gezogen, die jedoch nicht überall umsetzbar waren, da hierfür auch geeignete Räumlichkeiten gefunden werden mussten. Für die Mädchen wurde Stricken und Nähen ausgewählt, allerdings tat sich hier ein weiteres Problem auf. Wer sollte diese Arbeiten vermitteln?[12] Dennoch lässt sich hier bereits deutlich der berufliche Erziehungsgedanke erkennen, der

---

[10] Brödel, H.: Braunschweigische Industrieschulpläne um 1750. Ein Beitrag zur Geschichte der Wirtschaftspädagogik, in: Zeitschrift für Handelspädagogik, 3. Jg. 1931, S. 252f..
[11] Brödel, H.: Braunschweigische Industrieschulpläne um 1750. Ein Beitrag zur Geschichte der Wirtschaftspädagogik, in: Zeitschrift für Handelspädagogik, 3. Jg. 1931, S. 253f..
[12] Vgl. ebd.

durch diese neuartigen Unterrichtskonzepte vermittelt werden sollte. Die Schüler sollen in beruflichen Tätigkeiten beschult werden, sodass ihre Arbeit qualitativ und quantitativ verbessert würde, um sich später besser selbst versorgen zu können. Zudem unterstützt dieses Unterrichtsmodell die gesamte deutsche Wirtschaftspolitik. Der Merkantilismus und die damit einhergehende Erreichung der Autarkie wurde dadurch gefördert, dass die Eigenproduktion anstieg. Infolgedessen lässt sich die Industrieschulbewegung positiv auf den Nutzen für Deutschland, die Familien und den einzelnen Schüler deuten.

Im Februar 1755 folgte dann eine Verordnung an sämtliche Landeskommissare der einzelnen Bezirke des Herzogtums. Sie sollten Tätigkeiten ausfindig machen, die sich für die beschriebenen Ziele des Unterrichtskonzepts eignen würden. Allerdings häufte sich die Kritik am geplanten Arbeitsunterricht durch verschiedene Beamte. Otto Friedrich Bartels äußerte die Kritik, dass die Kinder durch den Sommerunterricht ihren Eltern nicht bei der Erntearbeit helfen könnten. Außerdem würden die Elternhäuser die Kinder ausreichend an die körperlich harte Arbeit gewöhnen, sodass es zusammen mit dem Arbeitsunterricht zu viel würde. Drost Cramer von Königslutter fügte dem hinzu, dass höchstens Stricken für beide Geschlechter vertretbar sei, weil es parallel zum Unterricht im selben Raum stattfinden konnte ohne die anderen Schüler zu beeinflussen. Die Beamten von Wickensen äußerten Bedenken bezüglich der Unkosten, die durch die Einrichtung neuer Räume und Einstellung weiteren Personals entstehen würden. Diese zusätzlichen Kosten seien deutlich höher, als der Gewinn, der sich mit den Arbeiten der Schüler generieren ließe. Weiterhin ergänzte der Landkommissar Möschell, dass die Arbeiten derartig gewählt sein müssen, dass sie mechanisch und damit unbewusst verrichtet werden könnten. Somit könnten die Schüler noch dem weiteren Unterricht des Lehrers folgen. Er war der Meinung, dass nur Stricken und Spinnen dafür geeignet erschien. Allgemein hegten viele Personen die Befürchtung, dass bei zu anspruchsvollen Arbeiten das eigentliche Lernziel nicht erreicht würde. Dennoch zeichnet sich sehr deutlich ab, dass Stricken und Spinnen immer zur Hauptbeschäftigung des Arbeitsunterrichts der Industrieschulen wurde, selbst als die Spinnmaschine das Handspinnen zum größten Teil abgelöst hatte.[13] Zudem wurde vermutet, dass es auch darauf zurückzuführen ist, dass gewisse Traditionen nicht verlernt werden und man immer das Geschick besitzen sollte, sich selbst zu helfen, falls keine Spinnmaschine zur

---

[13] Brödel, H.: Braunschweigische Industrieschulpläne um 1750. Ein Beitrag zur Geschichte der Wirtschaftspädagogik, in: Zeitschrift für Handelspädagogik, 3. Jg. 1931, S. 254-257.

Verfügung stehe. Die „Spinnschulen" sind damit als Vorgänger der Industrieschule zu verstehen.

Am 22. April 1755 berichtete J. Schüler von einem durchgeführten Praxisversuch des Arbeitsunterrichts. Hierbei nutzte er Nähen und Stricken und erkannte darin einen dreifachen Zweck. Zuerst würde man den Schülern das müßig sein abgewöhnen, also die Tatsache, dass einige Kinder gelangweilt schienen und nichts Produktives im Unterricht machen. Als weiteren Punkt nannte er, dass sich die Schüler damit etwas verdienen könnten. Und zuletzt führte er die qualitative Verbesserung auf. Die Strick- und Näharbeiten würden immer feiner und besser werden. Für J. Schüler war es ebenfalls wichtig, dass auch die Jungen dieses Arbeitsfeld beherrschen sollten, denn damit würde man das Vorurteil abbauen, dass es nur die Aufgabe der Frau sei, dies zu beherrschen.[14] Dieses Argument lässt sich als ein Ansatz zur Emanzipation der Frau deuten, indem die klassische Rollenverteilung verändert würde. Allerdings blieb das Problem bestehen, wer den Arbeitsunterricht leiten sollte. J. Schülers Theorie war, dass ausgebildete Lehrer häufig Frauen heiraten würden, die in diesen Tätigkeitsbereichen geübt waren. Aus Niedersachsen sei außerdem bereits bekannt, dass sich der Einsatz einer Frau als Lehrerin positiv auf das Unterrichtsgeschehen auswirke. Dennoch wäre es schwierig, die Frauen zur Unterrichtung der Handarbeiten zu verpflichten, weil sie andere Tätigkeiten im Haushalt zu erledigen hatten beziehungsweise mit der Erziehung ihrer eigenen Kinder beschäftigt waren. Zudem würde sie auch ihr eigenes Gehalt fordern.[15] Die Tatsache, dass die Ehefrau zumindest in Betracht gezogen wurde, stützt das Argument der Emanzipation ein wenig.

Als Reaktion auf diese unterschiedlichen Überlegungen sollte ein Versuch im Oktober 1755 in Langelsheim gestartet werden. Hier zeigten sich günstige Bedingungen: Es existierten zwei große Schulen, die nach Geschlechtern getrennt waren, mit je über 100 Kindern sowie eine gut ausgestattete Armenklasse, die ohne Probleme die erforderlichen Ausgaben für den geplanten Unterricht bestreiten konnten. Jedoch gibt es keinen Nachweis, dass dieser dokumentierte Vorschlag auch tatsächlich durchgeführt wurde. Dennoch ging zwei Monate später der Befehl von Braunschweig aus, sechs Armenschulen einzurichten. Hierbei sollte Nähen, Stricken und dergleichen als Arbeit im Vordergrund stehen, hingegen sollte auch noch eine Tätigkeit für die Jungen gesucht

---

[14] Brödel, H.: Braunschweigische Industrieschulpläne um 1750. Ein Beitrag zur Geschichte der Wirtschaftspädagogik, in: Zeitschrift für Handelspädagogik, 3. Jg. 1931, S. 259f.
[15] Vgl. ebd.

werden, die auf den körperlichen Aspekt des Arbeitslebens vorbereiten würde. Dieses Vorhaben fand ein abruptes Ende aufgrund des Ausbruchs des Siebenjährigen Krieges im Jahr 1756. Erst 1784 breitete sich von Göttingen ausgehend die Bewegung des Arbeitsunterrichtgedankens erneut und ergriff dabei auch Braunschweig. Der deutsche Schriftsteller, Verleger, Sprachforscher und Pädagoge Joachim Heinrich Campe reichte im folgenden Jahr „Vorschläge zur Schulverbesserung" ein und forderte die Umstellung der Volksschulen auf Industrieschulen. Daraufhin folgten weitere Auseinandersetzungen über die Schulbildung und die religiöse Erziehung des Menschen, auf die an dieser Stelle nicht weiter eingegangen werden soll. Dennoch war die Folge die Einführung von Industrieschulen in Helmstedt, Braunschweig und Blankenburg.[16]

Durch die mit der Jahrhundertwende aufkommende Gedankenströmung des Neuhumanismus, wurde erneut nachdrückliche Kritik an der Industrieschule und ihrer Bewegung geübt. Der Neuhumanismus verlangte die strikte Trennung der allgemeinbildenden und berufsbildenden Erziehung des Menschen. Ernst August Evers bezeichnet den beruflichen Erziehungsgedanken mit der vermittelten Bildung und Erziehung als eine „Schulbildung zur Bestialität". Das Ergebnis der Bildungsform sei ein „geduldiger Mechanismus"[17], Gehorsam und ein „lohnsüchtiger Geist"[18], also ein Mensch, der auf Belohnung gedrillt wäre und einem stupiden Ablauf von Ausführungsaufgaben folgt. Sobald der Schüler also die Schullaufbahn verlasse, sei er „im Staube der Industrie für jedes Selbstschauen gänzlich erblindet"[19]. Die Person sei demnach unfähig neue Interessen zu entwickeln. Friedrich Immanuel Niethammer fügt dem noch hinzu, es sei eine Erziehung zur „Animalität". Damit einhergehend fordert er, dass der Berufsbildungsgedanke aus den allgemeinbildenden Schulen entfernt werden soll.[20] Evers und Niethammer befürworten damit das humboldtsche Bildungsideal, welches die Arbeits- und Berufswelt als Bedrohung für die Seele des Menschen ansah.

Schlussendlich setzten sich die Industrieschulen nicht durch, weil die Anstalten als Förderung von Kinderarbeit und sozialer Ausbeutung in Verruf gerieten. Später ging

---

[16] Brödel, H.: Braunschweigische Industrieschulpläne um 1750. Ein Beitrag zur Geschichte der Wirtschaftspädagogik, in: Zeitschrift für Handelspädagogik, 3. Jg. 1931, S. 309-315.
[17] Evers, Ernst August: Über die Schulbildung zur Bestialität. Ein Programm zur Eröffnung des neuen Lehrkurses in der Kantonschule, Aarau 1807, S.25.
[18] Vgl.ebd.
[19] Vgl. ebd. S.26.
[20] Niethammer, Friedrich Immanuel: Der Streit des Philanthropinismus und Humanismus in der Theorie des Erziehungs-Unterrichts unsrer Zeit, Jena 1808, S.243.

dieses Schulsystem in anderen Schulsystemen auf, wie zum Beispiel im Dualen System der Berufsausbildung.

5. Fazit

Zum Abschluss lässt sich hervorheben, dass die Industrieschulbewegung prägend für die Entwicklung der deutschen Schulformen war. In den knapp 300 Jahren haben sich die Begriffe „Industrie" und „Industrieschule" deutlich gewandelt. Es kam zu einer Bedeutungserweiterung. Die Bewegung wurde unterschiedlich wahrgenommen und bewertet oder war unterschiedlich stark ausgeprägt in den einzelnen Regierungsbezirken Deutschlands im 18. Jahrhundert. Dies war einer der Gründe, warum sich der Erziehungsgedanke nicht durchsetzen konnte. Weitere Argumente, die den Zerfall des beruflichen Erziehungsgedankens unterstützen, waren hierbei die neuartige Strömung des Neuhumanismus sowie die Auslegung der Schulform als Förderung der sozialen Ausbeutung, die Nutzung von Kindern als Arbeitskräfte und damit die Förderung der Kinderarbeit. Dennoch ist die Schulform heutzutage in anderen Schulsystemen verankert, wie zum Beispiel im Dualen System der Berufsausbildung. Dort wird die berufliche Praxis mit der allgemeinbildenden Theorie verbunden. Somit profitieren wir im 21. Jahrhundert immer noch von den Überlegungen, Erkenntnissen und Versuchen dieser Bewegung.

Literaturverzeichnis

Brödel, H.: Die Entstehung des Industrieschulgedankens im 17. Jahrhundert, in: Zeitschrift für Handelspädagogik, 1. Jg. 1929, S.110-124

Brödel, H.: Braunschweigische Industrieschulpläne um 1750. Ein Beitrag zur Geschichte der Wirtschaftspädagogik, in: Zeitschrift für Handelspädagogik, 3. Jg. 1931, S. 245-260 +309-315

Evers, Ernst August: Über die Schulbildung zur Bestialität. Ein Programm zur Eröffnung des neuen Lehrkurses in der Kantonschule, Aarau 1807.

Iven, Kurt: Die Industriepädagogik des 18. Jahrhunderts, Berlin-Leipzig 1929

Kaster, Herbert: Industrieschulen im rheinisch-pfälzischen Raum von der Aufklärung bis zur Mitte des 19. Jahrhunderts, Mainz 1975.

Niethammer, Friedrich Immanuel: Der Streit des Philanthropinismus und Humanismus in der Theorie des Erziehungs-Unterrichts unsrer Zeit, Jena 1808.

Industrie [Art.]. In: Pons Wörterbuch Schule und Studium Latein-Deutsch, 1. Aufl. Stuttgart, 2007, S.442. (ISBN: 978-3-12-517554-9)

Sextroh, Heinrich Philipp: Ueber die Bildung der Jugend zur Industrie, Göttingen 1785.

Statistisches Bundesamt Deutschland (2016): Industrie, Verarbeitendes Gewerbe. https://www.destatis.de/DE/ZahlenFakten/Wirtschaftsbereiche/IndustrieVerarbeitendes Gewerbe/IndustrieVerarbeitendesGewerbe.html;jsessionid=0EBD97B98BD9D63FF6A 38B63B569CD16.cae2 (abgerufen am 03.03.2016)

Urbschat, Fritz: Grundlage einer Geschichte der Berufserziehung 1. Teil: Die Berufserziehung bis zur französischen Revolution, Leipzig 1936

Wiechowski, Friedrich: Ferdinand Kindermanns Versuch einer Verbindung von Elementar- und Industrieschule. In: Beiträge zur Österr. Erziehungs- und Schulgeschichte, Heft 9, Wien – Leipzig 1907.

BEI GRIN MACHT SICH IHR WISSEN BEZAHLT

- Wir veröffentlichen Ihre Hausarbeit, Bachelor- und Masterarbeit

- Ihr eigenes eBook und Buch - weltweit in allen wichtigen Shops

- Verdienen Sie an jedem Verkauf

Jetzt bei www.GRIN.com hochladen und kostenlos publizieren